›Im tiefen Österreich‹ ist der erste Band des Romanzyklus ›Die Archive des Schweigens‹ von Gerhard Roth. Er kann jedoch auch als ein selbständiger Text- und Bildband über Gegenwart und Geschichte des *tiefen Österreich* betrachtet werden. Das Buch enthält einen umfangreichen Teil mit historischen Abbildungen über das Leben in der österreichischen Provinz und – in sechs Abteilungen gegliedert – Aufnahmen, die Roth gleichsam als visuelle Tagebuchaufzeichnungen während der Arbeit an seinem Romanzyklus von Menschen und Landschaft in der Südsteiermark gemacht hat.
Das Buch ist eine ethnologische Foto-Expedition durchs *tiefe Österreich*, es ist die eindrucksvolle Bestandsaufnahme des fremd gewordenen, wie aus der Zeit gefallenen Lebens auf dem Land.

Gerhard Roth wurde 1942 in Graz geboren. Nach einem Medizinstudium war er mehrere Jahre Organisationsleiter im Rechenzentrum Graz; er debütierte 1972 mit dem Roman ›die autobiographie des albert einstein‹; seither zahlreiche Romane, Erzählungen, Essays, Theaterstücke, Drehbücher für Film und Fernsehen; unter anderem wurde er mit dem Preis der Bestenliste des Südwestfunks, dem Alfred-Döblin-Preis und dem Marie-Luise-Kaschnitz-Preis ausgezeichnet. Gerhard Roth lebt abwechselnd in Wien und in der Steiermark.
Die Werke von Gerhard Roth sind bei S. Fischer und im Fischer Taschenbuch Verlag erschienen.

Gerhard Roth
Im tiefen Österreich

Fischer Taschenbuch Verlag

Die Archive des Schweigens
Band 1

Veröffentlicht im Fischer Taschenbuch Verlag GmbH,
Frankfurt am Main, April 1994

Lizenzausgabe mit freundlicher Genehmigung des
S. Fischer Verlags GmbH, Frankfurt am Main

Druck und Bindung: Clausen & Bosse, Leck
Printed in Germany
ISBN 3-596-11401-2

Gedruckt auf chlor- und säurefreiem Papier

Ich lebte von 1977 bis 1986 in Obergreith.

Obergreith liegt ein Dutzend Kilometer von der jugoslawischen Grenze entfernt, im südwestlichen Teil der Steiermark. Es ist ein Landstrich mit wenig Industrie, kaum Fremdenverkehr, und vielen kleinen Bauern. Auf dem Land sieht man manches deutlicher: das Leben und das Sterben, die Sieger und die Verlierer, die Gemeinheit und Güte der Menschen. Einer Geschichte nachzugehen, heißt einen Scherben zu finden, nach weiteren Bruchstücken zu graben, neue zu finden und zu hoffen, daß sie zusammenpassen. Von Anfang an arbeitete ich wie ein Archäologe. Auch die »Alten Photographien« faßte ich – wie die Gespräche mit den Menschen und meine Studien – als eine Sammlung von Scherben auf. Ich versuchte mit ihrer Hilfe, die Vergangenheit des Landstrichs zu rekonstruieren.
(Das Wissen ist keine gerade Linie, sondern ein Raster, unter dem auch die winzigsten Teile eines Stoffes erfaßt und registriert sind.) Manchmal sind die Kommentare ein historischer Exkurs, dann wieder eine persönliche Bemerkung oder eine Erklärung, je nachdem, wie die Muster auf den Scherben zusammenpassen.

Erster Teil

Alte Photographien

Die Bilder im Teil »Alte Photographien« sind in zeitliche Perioden geordnet:

33–49: Vor dem Ersten Weltkrieg und Erster Weltkrieg
51–75: Die Zwischenkriegszeit und Zweiter Weltkrieg und
76–91: Die Nachkriegszeit

32

Die pflanzenreiche Landschaft in Obergreith und Umgebung begünstigt die Arbeit der Bienenzüchter. Lichtenberg nannte Bienenhäuser die »Kasernen der Bienen«. Hegel verglich den Bienenstaat mit dem Menschenstaat und stellte ihn als vorbildliches Modell dar, wofür er von Schopenhauer attackiert wurde. Der Bienenstaat ist ein Gebär- und Fortpflanzungsstaat, der sich höchstens mit Diktaturen vergleichen ließe – etwa einem faschistischen Staat.
Ein Bienenvolk repräsentiert, nach dem Bienenforscher Pfarrer Gerstung, den »Bien« – einen Organismus aus fliegenden Zellen, der keine feste Form hat, sondern sich mit der Bewegung seiner Bienen fortlaufend verändert.

35

Kohlenbergarbeiter in Pölfing-Brunn im Jahr 1896. Pölfing-Brunn ist neben St. Ulrich, Wuggau, Wies, Gasselsdorf, Gleinstätten oder Eibiswald einer der umliegenden Orte. Das Gebiet ist von Stollen wie von einem unterirdischen Labyrinth durchzogen. Die Entsprechung Stollen – Kohle : Unterbewußtsein – Vergangenheit regte mich zur Beschäftigung mit den Lebensläufen von Dorfbewohnern an, der Geschichte des Landstrichs, Märchen und dem Einfluß der Kirche auf das Dorf...

Viele Bergarbeiter waren Bauern, die zu Hause eine kleine Wirtschaft bestellten. Die Stollen waren teilweise nur 70 cm hoch, weswegen die Kohle liegend abgebaut werden mußte.

37

Die Bewohner des ganzen Landstrichs sind nah- oder weitschichtig miteinander verwandt. Wohlhabende und Arme heirateten zumeist nicht untereinander. Die Bäuerin Juliane erzählte mir, daß sie bei einer Hochzeit in der »Zwischenkriegszeit« im Alter von 18 Jahren zum ersten Mal ein Huhn serviert bekam – die Hühner waren zu kostbar, um von den Bauern selbst gegessen zu werden; sie wurden verkauft.

39

Unterrichtet wurden alle Schulkinder in einem einzigen Raum von einem Lehrer. Manche Kinder hatten einen weiten Schulweg zurückzulegen. Es war üblich, daß die Schüler im Winter das Brennholz von zu Hause mitbrachten. Da Kinderarbeit selbstverständlich war, war ihr Schulbesuch – besonders der Kinder von Knechten, Mägden und kleinen Bauern – unregelmäßig und fiel oft wochenlang aus. Auch wurde es nicht unbedingt als Vorteil betrachtet, daß die Kinder etwas lernten. Man befürchtete, daß sie »auf andere Gedanken«

kämen, wo sie doch die Arbeit lernen sollten. »Lesen macht dumm«, sagen auch heute noch manche.

40/41

Bilder aus dem Dorfleben.
Der Vater des Kirchenwirts befaßte sich schon früh mit der »Errungenschaft« der Photographie. Von ihm stammen zahlreiche Bilder in diesem Buch.
Um sie besser verstehen zu können, muß man weiter in die Vergangenheit zurückgreifen.
Kaiser Josef II. hob 1781 die Leibeigenschaft auf. Aber bis die Bauern tatsächlich »frei« waren, dauerte es länger, denn sie waren zum Großteil nicht in der Lage, »Grund und Boden« zu erwerben. (Die Robot, die unbezahlte Arbeit für den Landbesitzer, wurde erst 1848 abgeschafft). Als Leibeigene mußten die Bauern die Haare kurz geschoren tragen, sie waren die »Geschorenen«, im Volksmund die »Gscherten«. Bis zur Mitte des 19. Jahrhunderts waren 70 Prozent der Bevölkerung Bauern – (heute sind es nur 6–8 Prozent). Die bäuerliche – einerseits anarchistische, andererseits obrigkeitsgläubige Denkweise – wirkte allerdings viel länger fort. Vor allem kam dies in der gesellschaftlichen Rangordnung zum Ausdruck: beim Gesinde, den Knechten und Mägden. Die

meisten Knechte schliefen im Viehstall, die Mägde und Kinder auf den Dachböden. Manche Bauern errichteten auf ihrem Grund ein kleines Haus (für Ehepaare von Knechten und Mägden mit deren Kindern), das nur aus einem Raum bestand. Nach der Bezeichnung der Knechte als »Winzerl« nannte man sie »Winzerlkeuschen«.
Für die Miete der Keusche hatte die Familie 150 Tage im Jahr (kostenlos) zu arbeiten. Solidarität unter den Knechten und Mägden war im Landstrich nicht möglich, da sie weit verstreut bei verschiedenen Bauern dienten. Zu Maria Lichtmeß zogen sie, wenn sie keinen festen Wohnsitz hatten, weiter oder blieben das folgende Jahr. Alte erhielten das »Gnadenbrot«. Im günstigen Fall gab es familiären Anschluß. So blieb den Knechten und Mägden als soziale Aufstiegsmöglichkeit nur die Nachahmung der Bauern: in Kleidung, Glaube, Brauchtum, Arbeitsauffassung. Aber auch die Bauern ahmten die »obere« Schicht nach und diese wieder die nächstobere. Immer war die Kleidung, die VERKLEIDUNG, ein Mittel, Klassengegensätze aufzuheben, wenn auch nur zum Schein. (Die Verkleidungs- und Kostümierungssucht ist übrigens geblieben.) Auch das Prinzip des Gehorsams begann von oben und endete in den

Familien, bei den Knechten und Mägden und zuletzt den Kindern, die man von Anfang an zur »Folgsamkeit« erzog und heute noch erzieht. Natürlich war die Ordnung patriarchalisch, das heißt, daß Frauen nicht selten unter den Kindern standen. Und manches Stück Vieh war wertvoller als eine austauschbare menschliche Arbeitskraft.

Links oben Kegelscheiben am Sonntagvormittag nach dem Kirchgang.

Die Männer tragen den »Sonntagsstaat«: den Anzug, den Hut, die Taschenuhr und Lederschuhe.

Heute gehen viel mehr Frauen als Männer in die Kirche.

Links unten Großmutter, Mutter, Angehörige und Mägde vor dem Bauernhaus. Frauen waren zumindest gleich beanspruchte Arbeitskräfte wie Männer. Sie brachten Kinder zur Welt, zogen sie groß (»aufzügeln« sagt man bezeichnenderweise für »aufziehen«), führten den Haushalt, versorgten das Vieh und arbeiteten auf dem Feld mit. Sie mußten um so mehr arbeiten, je niedriger die Schicht war, aus der sie stammten, das heißt, je weniger sie besaßen oder »in die Ehe mitbrachten«. Natürlich machten sie sich das Leben auch angenehm, indem sie die schönen Augenblicke: Feste, Feiertage, Winterabende, intensiver wahrnahmen und kleine Gelegenheiten der Freude auskosteten. Daraus entwickelte sich ein Talent, den Augenblick zu genießen.

Rechts oben Kapellenweihe.

Der Glaube hat stark abergläubische Züge. Ein Bauer ist, was die Ernte betrifft, vom Wetter abhängig, und da Mensch und Tier von Krankheiten und Seuchen befallen werden, und es auch keine Versicherung gab, bestand (und besteht noch) ein starkes Bedürfnis nach direktem Kontakt mit den »überirdischen Kräften«: den Schutzheiligen, der Jungfrau Maria, Jesus, der »Dreifaltigkeit«. Das Böse ist im Teufel personifiziert. Über das ganze Land verstreut findet man außer Kirchen und Kapellen »Marterln« an Straßen und neben Höfen. Vor dem Essen wurde gebetet, abends der langwierige Rosenkranz. Die Kirche war der »überirdische« Ordnungsfaktor neben dem irdischen: Kaiser, Adel, Beamtenschaft, Militär, Polizei. Als die Welt angeblich noch in Ordnung war, war sie streng geordnet. Die Kirche als moralischer Ordnungsfaktor ging oft mit unerbittlicher Härte vor, zum Beispiel gegenüber ledigen Müttern, die bei Sonntagsmessen getrennt von den übrigen auf »Ledigenbänken« Platz nehmen mußten, während Kinderarbeit oder Kindermißhandlung offenbar zur »richtigen Erziehung« gehörten.

Aber dies ist eine andere Geschichte.

Von irdischen Errungenschaften, einem Arzt etwa, konnte man selten Gebrauch machen, sie waren zu kostspielig. Die Bäuerin Juliane hatte neun Geschwister, von denen fünf im Kindesalter an Lungenentzündung starben. Sie selbst erkrankte an Diphtherie. Die Behandlung, die ihr das Leben rettete, kostete ihren Vater den Gegenwert einer Kuh. Für dieses Geld mußte eine Magd 20 Monate arbeiten, ein Knecht 15. Es ist naheliegend, daß sich eine (zumeist mangelhafte) Naturheilkunde entwickelte und andererseits ein kompliziertes System des Aberglaubens: Gute und schlechte Zeichen wollten erkannt und gedeutet werden.

Rechts unten Vor dem Gasthaus. Einer der Bauern läßt sich stolz mit dem Fahrrad abbilden. Dahinter ein weiterer Bauer auf einem Pferd. Es gab keinen elektrischen Strom. Nach Regenzeiten waren die Straßen morastig und kaum befahrbar. Ein Netz von Wegen durchzog das Land, die Wiesen, die Wälder.

Die Zechen in den Gasthäusern waren für die meisten zu kostspielig.

Die Wirte waren daher auch Bauern, weil das Geschäft »nicht reichte«.

Links oben und unten Nach der Musterung wurde die »Tauglichkeit« gefeiert. Auf dem unteren Bild hält jeder Angemusterte einen Gegenstand in der Hand. Mit der Einberufung zum k. u. k. Militär kam Abwechslung in das Leben eines jungen Landbewohners. Die Gehorsamspflicht und der Kasernendrill wurden im Vergleich mit zu Hause oft als Erleichterung empfunden. Einige versteckten sich trotzdem vor den Musterungskommissionen in den Wäldern und verzichteten lieber auf die »Ehre zu dienen«.

Rechts oben In der Kaserne. In der Mitte die Gipsbüste des Kaisers Franz Joseph. Der 1. Weltkrieg, der bald darauf ausbrach, wurde durch das Attentat auf den Thronfolger Franz Ferdinand und seine Frau in Sarajewo ausgelöst. Die Ursachen für den Krieg waren in den nationalen Gegensätzen im habsburgischen Vielvölkerstaat zu suchen, aber auch in sozialen Spannungen und der Mechanik der »Bündnissysteme«, die die später kriegsführenden Staaten miteinander und gegeneinander eingegangen waren. Der Ausbruch des 1. Weltkrieges löste Jubel unter der Bevölkerung aus.

Rechts unten Ein Blick auf die Uniformvielfalt: Alpenjäger, Pioniere, Dragoner, Husaren, Kaiserjäger etc.

45

Soldaten aus Obergreith und Umgebung an der »Isonzofront«.
Ein Jahr nach Kriegsbeginn trat Italien gegen Österreich-Ungarn in den Ersten Weltkrieg ein. Die meisten Bewohner von Obergreith und den umliegenden Orten verrichteten ihren »Kriegsdienst« an der Isonzofront oder in den Alpen. Dort spielte sich bis Kriegsende eine absurde grausame Tragödie ab. Italiener wie Österreicher trieben beispielsweise Stollen in das Gletschereis, in welchen sie ihre Lager aufschlugen, ohne zu wissen, daß sie über- oder untereinander schliefen. Die Lawinenabgänge in den Alpen kosteten mehr Soldaten das Leben als die kriegerischen Handlungen. Winzige Landstücke wurden erobert, zurückerobert, wiedererobert und neuerlich verloren, jedesmal um den Preis von tausenden Toten. »Am Ende des fast drei Jahre dauernden furchtbaren Gemetzels waren die beiden Armeen dem Sieg nicht näher als am ersten Tag des Kampfes«, schrieb Egon Vajda in seiner »Geschichte Österreichs«.

47

Gefangene Russen im Obergreither Gebiet. Sie arbeiteten an den Höfen, an denen die Männer fehlten. In St. Ulrich auf dem Friedhof befindet sich noch das Grab eines solchen Gefangenen namens Iwanov, zu dessen Beerdigung 1917 ein Pope erwartet wurde, der aber nicht erschien.

48/49

Links Gefangene österreichische Soldaten.

Rechts »Heimkehrer«. Ich fand die Photographie im aufgelassenen Schweinestall des Hauses, das ich bewohnte.

51

Im Laufe des Krieges hatte man Kirchenglokken aus den Türmen geworfen und zu Kanonen eingeschmolzen. Nun goß man wieder Kirchenglocken, weihte sie und hängte sie in die leeren Glockenstühle: Die linke Glocke ist die Aveglocke, mit der zu Abend geläutet wird, die mittlere die Zügenglocke (wie die Totenglocke genannt wird) und die rechte die Kriegerdenkmalglocke. Ave- und Kriegerdenkmalglocke wurden im 2. Weltkrieg neuerlich beschlagnahmt und eingeschmolzen und erst 1950 wieder aufgezogen. Nur die Zügenglocke – die »silberne« – blieb die ganze Zeit über im Kirchturm. Viele junge Landbewohner hatten in den beiden Kriegen ihr Leben gelassen. Man feierte sie auf Denkmälern als »Helden«, tatsächlich waren es sinnlose Opfer.

52/53

Links Eine Mutter an ihrem Geburtstag mit ihren zwei Töchtern.
Ich habe mit den meisten Frauen im Dorf gesprochen, sie sind im allgemeinen verschlossener und vorsichtiger als Männer. Die wenigen Ausnahmen sind allerdings die besten Erzähler.
Rechts Ein Mitglied des Jungfrauenvereins. Neben ihm ein Mädchen, vermutlich eine Verwandte im Erstkommunionskleid. Bei Fronleichnamsprozessionen gingen die Erstkommunikanten und der Jungfrauenverein gemeinsam mit der Musik, der Feuerwehr und anderen Vereinen hinter dem »Himmel«, unter dem Pfarrer und Musikanten schritten, her. Die Mitglieder des Jungfrauenvereins blieben zumeist ledig und kinderlos. Es war mir nicht möglich, über ihr Schicksal mehr zu erfahren, als daß sie Arbeitskräfte und katholisch waren. Bei Hochzeiten eines Mitgliedes begleitete der Verein die Braut in die Kirche. Bei einem Begräbnis trugen sowohl die Tote als auch die Sargträgerinnen ihr weißes Kleid.

55

Eine Bauernfamilie in Obergreith. Die Menschen wurden zu Hause geboren. Viele starben als Alte in demselben Haus. Das Haus selbst

heißt »Hoamat« (Heimat). Wenn jemand von seiner »Hoamat« spricht, meint er zunächst immer das Elternhaus. Es trägt wie ein Schiff einen Namen. Hieß der Erbauer »Mautner« – so ist ein neuer Bewohner, der später einzieht, auch der »Mautner«, egal welchen Familiennamen er trägt. Daher kennt man die Geschichte jedes Hauses. Das Haus, in dem ich wohnte, ähnelte so sehr dem abgebildeten, daß ich immer glaubte, in der fotografierten Familie meine Vorgänger zu sehen. Das Gebäude ist aus Holz und weist einen gemauerten Vorbau auf. Links befindet sich die Küche, im Vorbau das Schlafzimmer, darunter der Keller.
Die Familie besteht aus Bauer, Bäuerin und fünf Kindern. Links die »Halterbuben« und »ein Stück Vieh«. Im Hintergrund der Knecht mit zwei Pferden. Die Küche im Haus war, wie der Küchentisch, sehr groß. Es mußte genügend Platz für die Arbeitskraft Mensch vorhanden sein. Heute gibt es kaum noch Landarbeiter. Bäuerliche Betriebe sind Familienbetriebe. Maschinen haben die Arbeit der Menschen übernommen. In neuen Häusern sind die Küchen kleiner – dafür aber die Tennen für die Maschinen größer. Allerdings bleiben nach wie vor die Alten im Haus und leben mit den Familien zusammen.

57

Hochzeiten.

Rechts Die Frau heiratete den Bräutigam, um seinen Hof zu erben. Sie liebte jedoch einen anderen. Zwei Wochen später ließ sie ihren Mann von ihrem Bruder durch das Schlafzimmerfenster erschießen. Dem Bruder gab sie dafür ein Fahrrad und 100 Schilling.

58/59

Links oben und unten An Sonntag-Nachmittagen traf man sich bei dem einen oder anderen Bauern. Bis zum 2. Weltkrieg wurden überall im Landstrich nicht veredelte Weinsorten angebaut. Die roten Sorten hießen: Aramon, Huntington und Isabella, die weiße Noe. Da sie »Direktträger« waren, enthielten sie Methylalkohol. Sie sollen auch aggressiv gemacht haben. Es gibt noch immer Gelegenheiten, nicht veredelten Wein, vermischt mit Wasser, zu trinken.

Rechts oben und unten Die Feuerwehrmusikkapelle von St. Ulrich und die Feuerwehr von Gleinstätten. Das Vereinsleben ist stark ausgeprägt.

Frauen schlossen sich zum »Hausmütterverein« zusammen. Man veranstaltete Feste und Bälle und marschierte zu bestimmten Gelegenheiten auf.

61

Bergarbeiter in Pölfing-Brunn.
In den dreißiger Jahren wurde ein Pumpenwärter verschüttet. Weil er trotz aller Bemühungen nicht geborgen werden konnte, beließ man ihn im Schacht und fertigte seine hinterbliebene Mutter mit einer Geldsumme ab.
Übrigens gibt es in Pölfing-Brunn nach wie vor die Reihenhäusersiedlung, die sogenannte »Kolonie«, die für die Arbeiter seinerzeit errichtet wurde. Im politisch »schwarzen« Land stellte sie eine »rote« Zelle dar. Selbstverständlich führte das zu Reibereien.

62/63

Vor der Jagd.
Früher jagte man in erster Linie wegen des Frischfleisches: selten Rehe oder ein Wildschwein, häufiger Hasen und Fasane. Außerdem Schnepfen, Rebhühner und Eichhörnchen und natürlich »Raubzeug«: Füchse, Dachse, Krähen, Nußhäher, Greifvögel und Uhus – denn die Uhus holten sich in der Nacht gerne die Haustauben. Es jagten nur die »Einheimischen« in ihrer Umgebung.

64/65

Links Aufmarsch der Nazis in Maribor (Marburg) 1941.

Rechts oben Ein »bunter Abend« der SA für die »Genesungskompanie« in Deutschlandsberg (1941).

Rechts unten Gasmaskenübung in Leoben (1939). Von 1934 bis 1938 war die christlich-soziale »Vaterländische Front« allein an der Macht. Österreich war eine Diktatur. Die Sozialdemokraten und die Kommunisten waren nach einem Bürgerkrieg im Februar 1934 verboten (auch die Nationalsozialisten). Im Prinzip entsprach der christlich-soziale Ständestaat der Mentalität eines großen Teiles der Bevölkerung, speziell außerhalb Wiens. Das ganze Land wurde »provinzialisiert«. Vor und nach dem Zweiten Weltkrieg gab es im Dorf kaum Kommunisten. Als in den fünfziger Jahren bei verschiedenen Wahlen mehrmals eine kommunistische Stimme abgegeben wurde, begann ein großes Rätselraten. Selbstverständlich vermutete man einen bestimmten Bewohner, der aus verschiedenen Gründen in Frage kam. Als er bei der nächsten Wahl im Gasthaus erschien, aß ein Mitglied der Kommission ein vorbereitetes Schmalzbrot und überreichte ihm mit fetten Fingern den Stimmzettel.

Beim Auszählen stellte man fest, daß sich auf dem KPÖ-Stimmzettel ein (fetter) Fingerabdruck befand – so war der »Täter« überführt.

Am Land bleibt wenig geheim, und ein Außenseiter ist eine »arme Haut«.
Österreich, in seiner langen Geschichte, war bis auf das kurze Zwischenspiel von 1918 bis 1934 immer von OBEN nach UNTEN regiert worden. Daß bei der »Abstimmung« um den »Anschluß« an das nationalsozialistische Deutschland aber mehr als 99 Prozent mit JA stimmten, ist auch ein Ergebnis des Druckes, der von den eigenen Nazis auf die Bevölkerung ausgeübt wurde. In Gasselsdorf wählte eine Frau mit NEIN. Am nächsten Tag war auf ihrer Scheune: DIESES SCHWEIN WÄHLT NEIN, zu lesen.
Auch soziale Gründe spielten eine große Rolle, daß die Landbevölkerung, die ja für den »Ständestaat« gewesen war, ihre Begeisterung für die »Hitlerei«, wie man sie später nannte, entdeckte. Arbeitslose überfluteten das Land. Sie schliefen in Scheunen und Schweinetrögen und bettelten um Most und Brot. Steuerschulden belasteten die Bauern – sie besaßen zwar Land und Vieh, aber wenig Geld*. Die Nationalsozia-

* Die Gold- und Devisenvorräte der Österreichischen Nationalbank hingegen betrugen Anfang 1938 460 Millionen Schilling, »ein Vielfaches der Gold- und Devisenvorräte der Reichsbank in Berlin«, wie Hugo Portisch schreibt. Mit diesen Zuschüssen und mit dem beschlagnahmten jüdischen Vermögen konnte das Deutsche Reich die für die Rüstung benötigten Devisenausgaben bis zum Kriegsbeginn weitgehend decken.

listen brachten die Kinderbeihilfe, erließen die Steuerschulden, und über Nacht verschwanden die Arbeitslosen – zunächst als »dienstverpflichtete Arbeiter« zum Straßenbau und in Rüstungsbetriebe, dann zum Militär. Die katholische Kirche hatte darüberhinaus für einen jahrhundertelangen Antisemitismus gesorgt und für den »Anschluß« Partei ergriffen. Außerdem waren Presse und Rundfunk »gleichgeschaltet«.
Es gibt viele Faktoren, die für den Nationalsozialismus ausschlaggebend waren. So brauchte man durch die straffe Organisationsform der Nazis, die bis ins kleinste Detail Vorschriften erließen, nicht mehr selbst zu denken. Und, was unter dem Nationalsozialismus später geschah, war ohnedies – zumindest in Ansätzen – in den Köpfen vorhanden gewesen. Die Nazis führten zwei Kriege: einen nach Innen und einen nach Außen. Mit HURRA wurde die große Vernichtungsmaschine in Betrieb genommen, die aus Millionen kleiner Rädchen bestand.

66/67

Aus dem Photoalbum eines Bauern aus Aug bei Wies.
»Der Rußlandfeldzug.«
(Es wurde indessen versucht, den Arbeitskräftemangel auf dem Land durch gefangene Fran-

zosen, »Littauer« und ukrainische Frauen, die »evakuiert«, d. h. in das Deutsche Reich verschleppt wurden, zu »lindern«.)

68/69

Links Schlachtung eines Esels.

Rechts oben Eine »Aufklärungsschwadron«.

Rechts unten Hingerichtete Partisanen.

Die Partisanen waren kommunistische Freiheitskämpfer. Sie wurden – wenn man sie gefangennahm, gehängt, erschossen. (Hier in Rußland.) Nirgendwo war der 2. Weltkrieg so grausam wie im angrenzenden Jugoslawien.* Die Deutschen »straften« die Zivilbevölkerung, indem sie für jeden ihrer durch einen Partisanenangriff gefallenen Soldaten 10, 20, 30 und mehr alte Männer, Frauen und sogar Kinder

* Im Frühjahr 1941 hatte die Deutsche Wehrmacht zusammen mit Verbündeten Jugoslawien angegriffen und nach der Kapitulation der jugoslawischen Armee – König und Regierung waren zu den westlichen Alliierten geflohen – untereinander aufgeteilt: Slowenien zwischen Deutschland und Italien, in Serbien setzten die Deutschen eine Marionettenregierung ein, ein kroatischer Staat wurde errichtet, Mazedonien fiel an Bulgarien, Ungarn erhielt die 1918 abgetrennten Gebiete zurück. Eine verwirrende Vielfalt von Truppen kämpfte, mordete und folterte weiter: die Deutsche Wehrmacht und die Waffen-SS, italienisches Militär und Schwarzhemden, kroatisches Militär und die katholisch-faschistische Terrorgruppe Ustasa (Kroaten) – außerdem die großserbischen königstreuen Cetnici, Truppen der serbischen Nedic-Regierung, lokale Milizen aller Richtungen und natürlich die kommunistischen Partisanen unter Tito.

»hinrichteten«. Der Widerstand der Partisanen wurde unter dem Begriff »Bandenkrieg« zusammengefaßt.
Auch in St. Ulrich und Umgebung traten gegen Kriegsende »Tito-Partisanen« auf. Einzelne Menschen schlossen sich ihnen an – »damit der Krieg einmal aufhört« oder weil sie »gegen den Hitler waren« – der Großteil der Bevölkerung aber stand den Partisanen feindlich gegenüber. Außerdem marschierten Bulgaren und Russen ein, in Eibiswald schließlich die Engländer. Am letzten Kriegstag wurde der Bürgermeister von St. Ulrich von Partisanen an einem Baum hinter seinem Haus aufgehängt. (Sein Grab befindet sich auf dem Friedhof.) Es wird ferner berichtet, daß Dorfbewohner »verschleppt« worden seien und nicht mehr zurückkamen. Es wurde aber immer nur das eigene Leid gesehen.
Nicht wenige Österreicher sagen heute noch: »Wir haben den Krieg verloren«, und identifizieren sich damit auch nachträglich mit den Nazis. Daß Österreich den Krieg gewonnen hat, indem die Nazis ihn verloren, ist nicht allgemeines Gedankengut. Es ist nicht falsch, von einer Katastrophe zu sprechen, wenn man über diese Zeit nachdenkt, aber es war eine von Menschen – in erster Linie von Deutschen und Österreichern – verursachte.

71–73

Verwundete, Gräber von Gefallenen in Rußland, überfüllte Züge mit »Evakuierten«. Als der Krieg zu Ende war, rettete man sich vor solchen Gedanken in den »Wiederaufbau«. Wenn ein Mensch stirbt, sagt man hierzulande: »Das Leben geht weiter.« Österreich erstand wieder als demokratische 2. Republik.
Auch die Frauen auf dem Land waren von Organisationen des Nationalsozialismus erfaßt worden, hatten sich aber nur selten politisch betätigt.

75

Die Bäuerin Juliane war keine Nationalsozialistin gewesen.
Sie hatte geschwiegen, »um zu überleben«. Ihr Glaube, sagt sie, habe ihr die Augen geöffnet.
Sie heiratete nach dem Krieg einen Bergarbeiter, der später an Staublunge starb.
Die Hochzeitstafel wurde in ihrer »Hoamat« geschmückt.

76/77

Links oben Drei Schwestern.
Rechts oben Julianes Hochzeit.

78–81

Die fünfziger und der Anfang der sechziger Jahre.
Manches blieb beim alten, vieles wurde neu.

Die bäuerliche Welt wurde mehr und mehr eine Maschinenwelt. Eine große Schule wurde gebaut, mehrere Lehrer halten jetzt Unterricht. Kranken- und Altersversorgung veränderten das soziale Bild. Die Grenze zum kommunistischen Jugoslawien bedeutete jedoch, daß das Gebiet wirtschaftlich vom Binnenland abgeschnitten war. So veränderte sich alles viel langsamer, als anderswo in Österreich. Die Dorfbewohner machten Wallfahrten nach Lusari (Italien) (78, links oben) und hielten an alten Brauchtümern fest, wie dem »Prassen« bei Hochzeiten (78, links unten). (»Prasser« sind nichtgeladene Gäste, die in anderen Räumen des Gasthauses mitfeiern. Anstelle des Hochzeitspaares übernehmen verkleidete Burschen und Mädchen – die »Maschkerer« – seine Rolle.) Der Bienenzüchter Zmugg fing im Frühsommer seine Schwärme ein (80), im Keller lagerte wieder der Most, der »Apfelwein«, in den Fässern, und man schlachtete Schweine für den eigenen Tisch (deren Fleisch man während des Krieges hatte teilweise abliefern müssen). Im Frühjahr 1966 schloß das Bergwerk, vorher stellten sich die Arbeiter für ein Gruppenbild zusammen (83). Es gab niemanden, der die Schließung nicht bedauert hätte, obwohl die Entlohnung bis zuletzt gering war. Das Haus, das ich bewohne, hat heute kein Brunnenwasser mehr, weil sich der Grundwasserspiegel durch die Arbeit unter der Erde verändert hat. Von einem großen Hof, den ich von meinem Fenster aus hätte sehen können, blieb nichts übrig: Die Gebäude stürzten ein, als ein Stollen zusammenbrach. Herr Strohmaier, der Besitzer meines Hauses, zeigte mir einen alten Plan, auf dem die Stollen eingezeichnet sind. In Obergreith hat sich der ursprüngliche ländliche Charakter – Häuser und Felder – eher erhalten als in St. Ulrich, wo alles vorstädtischer wirkt. Viele jüngere Frauen sind »berufstätig« geworden, viele müssen zu Hause allein die Landwirtschaft führen, weil die Männer tagsüber »pendeln« oder überhaupt nur an den Wochenenden zu Hause sind.

84/85

Die »Haushaltungsschule« in Wies.

87

Kinder sind früh in die Welt des Katholizismus einbezogen, z. B. bei der Ersten Kommunion oder der Firmung.

88/89

Links Schon bald nachdem ich auf das Land gezogen war, hörte ich die Geschichte des 15jährigen Sohnes eines Bienenzüchters. An einem Frühlingstag ließ er einen Schwarm Bienen auf seinem nackten Oberkörper Platz nehmen. Zur Schwarmzeit im Mai und Juni sind die Bienen friedlicher. Sie werden durch ein Duftaroma, das die Bienenkönigin absondert, angezogen und folgen ihr überall hin. Für das »Kunststück« muß man die Bienenkönigin allerdings in einen kleinen Behälter stecken, damit man sie wieder abnehmen und in den Stock zurückgeben kann. In diesem Fall geschah das nicht. Als man die Bienen wieder dazu bringen wollte, in den Stock zu fliegen, wurde der Bursche von so vielen Bienen gestochen, daß er »nachher aussah wie eine Forelle«, wie er später erzählte.

Rechts Kleine Zirkusse tauchten in den fünfziger Jahren in den Ortschaften auf und zeigten neben Clowns und Artisten auch die Nummer des Löwen, der durch den brennenden Reifen springt.

91

Die Fuchsjagd im Winter.
Davon wird später noch die Rede sein.

.18 ERINN

RUNG
96.

St. Johann
III Kl.

Der Ermordete in Prarathers&

87

ПАРТИЗАНЫ

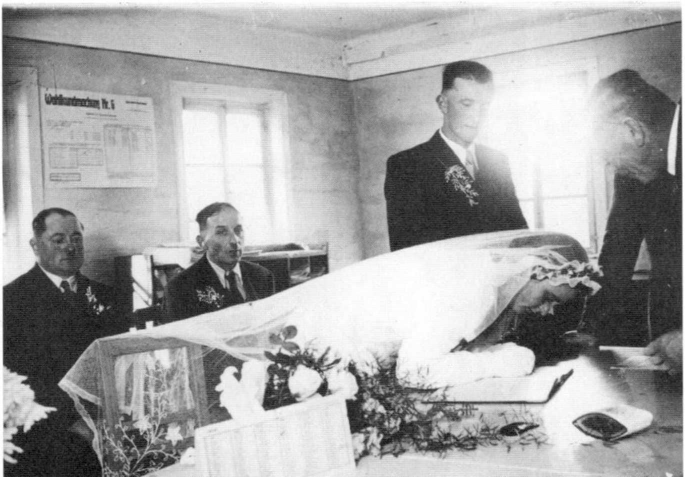

1. Klasse
Juni 1956

Foto: Habenbacher

Die Fahnenmutter
4 XII

Zweiter Teil

Aus meinen Foto- notizbüchern

Als ich auf das Land kam, wußte ich von alldem nur wenig. Häufig ging ich nach Wuggau und auf einer Schleife wieder zurück. Ich fotografierte, machte Notizen, hörte zu. Die Alten hatten eher Zeit und redeten von den Kriegen, der »Zwischenkriegszeit«, den Bräuchen.
Meine Fotografien sind Dokumente des Gehens und des Nachdenkens über das Land. Das Landstudium war für mich ein Menschenstudium, ein Geschichtsstudium, ein Arbeits- und Naturstudium und nicht zuletzt ein Selbststudium.

Menschen

121

Eine Tochter des alten Mautner. An warmen Tagen sitzen vor allem Frauen vor den Häusern und auf Feldern und »patzeln Kürbisse aus«. Die Kürbisse werden aufgehackt, die Kerne herausgeschält und getrocknet, um das Kürbiskernöl für Salate zu gewinnen.

122/123

Links oben Der alte Mautner wurde 81 Jahre alt; er erzählte mir, daß ihm nachts seine verstorbene Frau erschienen sei und ihm vom Jenseits berichtet hätte. Dort säße sie in einem Schloß und würde »Gewand ausbessern«. Er stellte aus Maiglöckchen eine Medizin her, die gegen Herzkrankheiten helfen sollte. Für die einen war er ein Medizinmann, für die anderen ein Schwindler. Nach seinem Begräbnis schlug der Blitz in sein Grab ein.

Links unten Ein junger Bauer. Die alten Mostpressen werden im Herbst in Betrieb genommen. Das übrige Jahr werden sie als Abstellraum verwendet, bei einem Knecht diente eine als Kleiderschrank. Wo Bretter fehlen, fällt das Licht in breiten Streifen in die Hütte.

Rechts oben Anita, eine Enkelin des alten Mautner, war ein verträumtes Kind.

Rechts unten Die Stiefschwester der Bäuerin Juliane. In den dreißiger Jahren hatten sie gemeinsam nur ein Paar Lederschuhe. An Sonntagen ging sie daher zur Frühmesse, Juliane zur Spätmesse. Die »Tante« ist 84 Jahre alt, geht täglich zu Fuß den 3 km langen Weg zur Kirche und zurück, und arbeitet auch heute noch mit.

——— *124/125* ———

Links oben Für den Ball der Freiwilligen Feuerwehr zu Neujahrsbeginn werden Karten verkauft. In der winterlichen Kälte fahren Feuerwehrmänner von Hof zu Hof und werden überall mit alkoholischen Getränken bewirtet. Je länger die Fahrt dauert, desto heiterer wird die Angelegenheit.

Mitte Der pensionierte Betriebsrat im Bergwerk, Herr Schwender, war ein Sozialdemokrat. Auf der Fotografie 26 ist er der dritte von links in der ersten Reihe. Rechts von ihm sitzt das Besitzer-Ehepaar. Die Bergarbeiter wurden nur für die Kohlenmenge bezahlt, die sie abgebaut hatten. Sogar die Zündschnur hatten sie selbst beizustellen. »Nach dem Krieg«, sagte der Betriebsrat, »habe ich in einer Woche so viel verdient, daß ich mir dafür im Gasthaus – wo es den Wein nur schwarz* gab – fünf Liter Wein hätte kaufen können.«

* Bis 1950 nur unter der Hand

Nicht lange, nachdem diese Aufnahme entstand, starb er.

Unten Der Ziehharmonikaspieler von Julianes Hochzeit.

Rechts oben Eine Kleinbäuerin, die »Holz-Malli«.

Mitte Es war die erste Hochzeit, zu der ich geladen war.

Unten Der Totengräber von St. Ulrich. Der Friedhof liegt auf einem steilen Berghang hinter der Kirche. In der Lehmerde bleiben die Toten lange »konserviert«.

126/127

Links oben Juliane im Alter von 65 Jahren. In ihrem Kopf ist die Chronik des Dorfes gespeichert. Ich aß bei ihr die ersten Jahre zu Mittag, bis sie (anonym) angezeigt wurde. Man mißgönnte ihr den kleinen Geldbetrag, den sie dafür von mir erhielt.

Mitte Der Schwiegervater – der Tochter – des alten Mautner. (Das klingt wie ein Kinderspiel). Der alte Mann liebte es, den Noe-Wein zu trinken und hatte, wie viele alte Männer auf dem Land, einen »lustigen« Charakter. Ich sah seine kleine Gestalt – als er gestorben war – aufgebahrt im Sarg.

Unten Der Pfarrer von St. Ulrich hat keinen privaten Umgang mit den Bewohnern. Er zeigte mir die Kirchenbücher, die in blaues Packpapier eingewickelt waren. Es sind Bücher über »tote Seelen«.

Einige Vorgänger des Pfarrers sind auf dem Friedhof begraben, ebenso der Mesner Knilly, der bis zu seinem Tod 3mal täglich eine Stunde zur Kirche ging, um die Glocken zu läuten.

Rechts oben Niemand wird Stefan jemals in seiner Liebe zum Alkohol ebenbürtig sein. Er starb wenige Tage, nachdem ihm der Arzt verboten hatte, weiterzutrinken, an Herzschlag. Stefan entstammte einer kinderreichen Keuschlerfamilie. Er ging der Arbeit vorsichtshalber aus dem Weg.

Rechts Mitte Einmal im Jahr schlug ein kleiner Wanderzirkus in Wies die Zelte auf. Der Zirkusdirektor ließ mich in seine Welt der Tricks und Menschenverachtung Einblick nehmen. Er nutzte jede Schwäche, die er blitzschnell erfaßte, aus.

Unten Auch Regina war ein Enkelkind des alten Mautner. Sie litt unter epileptischen Anfällen und war »schwachsinnig«. Hin und wieder besuchte sie mich mit dem Fahrrad. Sie erstickte im Landes-Sonderkrankenhaus Graz an einem epileptischen Anfall, den niemand bemerkte.

128/129

Links oben Der Kirchenwirt »Finsterl« ist nebenbei Standesbeamter. Er glaubt, daß Adolf Hitler eines Tages die historische Bedeutung von Napoleon haben wird. Zugegebenermaßen hat er den besten »Schilcher« (= einen Roséwein) des Landstrichs.

Unten Werner, ein weiteres Enkelkind des alten Mautner. Tiere sind für Kinder und Jugendliche »Spielzeug«.

Rechts oben Der alte Schauer wohnt seit vielen Jahren allein in seinem Haus. Im Winter schläft er in der Küche, weil sich dort der große, »gemauerte« Herd befindet.

Unten Franziska.

131

Andreas.

133

Die Hochzeitsfeier um zwei Uhr früh.

135

Das Ehepaar Kürbisch lebte ohne fließendes Wasser und elektrischen Strom. Im Jänner war das Haus, das abseits der Straße lag, eingeschneit. Ich stapfte durch den kniehohen Schnee zu ihnen hinunter, um Eier zu kaufen. In der Küche »wohnten« überdies der Hund, Katzen und Hühner. Kürbisch war ein ehemaliger Wanderknecht.

137

Juliane kochte. Plötzlich sprang eine Katze durch einen Spalt der Decke vom Dachboden auf den Tisch und floh ins Freie.

138/139

Links oben, links unten, rechts oben Ich sah einige Male, wie man das »Woazschöln« = Maisschälen früher machte. Die Maiskolben wurden, nachdem sie abgeerntet waren, in das Vorzimmer oder die Küche geschüttet, wo sie eine duftende Pflanzen-Überschwemmung anrichteten. Die Tischbeine versanken in ihnen, kleine Kinder mußten sich einen Weg durch sie bahnen. Die Maisfedern wurden entfernt, die »Stritzln« gebunden und auf den Dachboden oder in die »Woazhapfn« geschüttet. Der Mais ist Schweinefutter, aus den Körnern wird auch Mehl gemahlen und der »Sterzbrei« (Polenta) gekocht. Ich hatte eine Kammer auf dem Dachboden, in dem der Mais des Hausbesitzers lagerte. Mitten im Winter, wenn alles rundherum mit Schnee bedeckt ist, war der schöne Mais für mich eine Erinnerung an den Sommer. Übrigens trafen sich früher die Nachbarn und Verwandten regelmäßig zum »Woazschöln«. Man trank Wein und tanzte, wenn die Arbeit verrichtet war, bis zum Morgen.

Rechts unten Im Herbst, nachdem die Kürbisse und der Mais geerntet sind, erinnern die Hügel an Gräber.*
Die Sicht, die durch den Mais begrenzt war, ist auf einmal weit. Beides ist herrlich: das Zugewachsenwerden vom Mais, das an das kindliche Gefühl der Sicherheit erinnert, wenn man sich versteckte, aber auch die plötzliche freie Sicht zum Horizont hin, zu dem die Hügel auslaufen.

——————— *140/141* ———————

Links oben, links unten Im August hängen die Äpfel schwer auf den Bäumen und die Trauben im Laub um das Haus. Frauen und Kinder klauben die Äpfel zumeist aus dem Gras auf. Kinder helfen schon früh bei der Arbeit mit.
Gewöhnlich trinkt man den Most aus Äpfeln oder Birnen. Der Wein war lange Zeit etwas Kostbares.
Rechts oben Um den schweren Preßbalken zu bewegen, muß man im Kreis gehen. Frischer

* Nicht weit von Obergreith, in Kleinklein und Burgstall befinden sich Nekropolen aus der Hallstattzeit. Der »Kröll-Schmied-Kogel« enthielt eine berühmte Bronzemaske und zwei handförmig zugeschnittene Bronzebleche. Man nimmt an, daß die Gesichtsmaske auf einer Holzkiste befestigt war, die die verbrannten Überreste eines »führenden Kriegsherrn« enthielt. Am Zusammenfluß von Sulm und Saggau liegen 700 Grabhügel.

Most schmeckt am besten. Bildet sich in ihm eine gallertige Masse, die Essigmutter, ist der Most sauer und zum Apfelessig geworden.

Rechts unten Die Mostfässer werden, bevor sie mit »neuem« Most gefüllt werden, mit einer »Faßkette« und durch Rollbewegungen gereinigt. Jeder Most schmeckt anders. Der Most wird vom Faß abgezapft und aus einem Krug getrunken. Ein Bauer, der etwas auf sich hält, achtet auf guten Most.

142/143

Links oben Das Sägewerk in Wuggau war der Wendepunkt meines 4-Stunden-Weges. Ein Teil der Arbeiter sind Entmündigte, die man aus der Anstalt in die »Obhut« eines Bauern oder Besitzers entlassen hat. Die Bauern nehmen sie auf, weil sie kostenlose Arbeitskräfte sind und der Staat für ihre Verpflegung und Unterbringung bezahlt. Die Entmündigten sind zumeist »arme Teufel«. Sie sind schon damit zufrieden, daß sie nicht »zurück müssen«.

Links unten Die Schmiede in Wuggau ist zuallererst eine Verkaufsstelle für landwirtschaftliche Geräte. Daß ein Pferd beschlagen wird, ist eine Seltenheit.

Rechts oben Ich begleitete den »jungen« Mautner, der der Schwiegersohn des alten war, oft zur Arbeit, auf die Jagd und im Herbst zum

Ausfischen. Ein Bauer muß hunderte Handgriffe kennen. Darüber hinaus muß er über Pflanzen, Tiere und Maschinen Bescheid wissen und so kräftig sein, daß er von fünf Uhr morgens bis neun Uhr abends – wenn nötig auch länger – körperlich arbeiten kann. Der junge Mautner starb mit 44 Jahren an einem Schlaganfall.

Rechts unten »Holz«, sagt man zum Wald und zum »Brennholz«. Schon im Sommer wird das Brennholz für den Winter vorbereitet. Von da an werden die »Blöche« fortlaufend in kleine verbrennbare Stücke gehackt, was »kliaben« heißt. Alte Männer und Frauen zerkleinern die Scheite weiter zu Spänen, mit denen man das Feuer anzündet. Auf dem Bild sieht man Friedl im letzten Jahr seines Lebens. Er stürzte beim Arbeiten von der Tenne. Ich ging gerade vorbei und hielt ihn in meinen Armen, bis der Rettungswagen kam, in dem er starb.

145

Es gibt zwei Tabak-Trockenmagazine auf dem Weg von Obergreith nach Praratheregg. Auf eines davon flüchtete ein Bursche vor den Gendarmen und bewarf sie mit Steinen, bis man ihm androhte, ihn von der Feuerwehr herunterspritzen zu lassen.

Die Tabakpflanzen fügen sich übrigens unauffällig in die üppige Vegetation, Fremde bemerken sie nicht einmal.

147

Das Kohlenschaufeln ist für die meisten Menschen schon eine vergessene Tätigkeit. Die Stiefschwester von Juliane hat eine Nylonplane gegen die Nässe aufgeschlagen. Wenn der Winter sehr streng war, mußte ich den Weg zu meinem Brunnen freischaufeln, auch konnte kein Fahrzeug das Haus erreichen, außer einem Traktor.

Dorfleben

149

Der Hof des Bestatters Haintl in Maltschach. Die Landbevölkerung ist reich an »Sonderlingen«, sie verleihen dem Land die eigentliche Poesie. Immer sind es aber tragische Figuren, die Heiterkeit, die von ihnen manchmal ausgeht, ist die Rückseite der Spielkarte: Tarnung. Aber gerade die Welt der Zwänge scheint auch eine gewisse Aufmüpfigkeit hervorzubringen. Haintl führte ein Heimatmuseum. Hunderte Objekte: Geigen, Sakrales, Waffen, Taschenuhren, ein alter Filmprojektor, Werkzeug, ein Orchestrion lagen und standen angehäuft in Räumen. Auf der Tenne war ein Sargmuseum eingerichtet, mit einem von Herrn Haintl erfundenen Patentsarg; außerdem war er der Erfinder der »humansten Mumifizierungsmethode«, wie er sein Patent DESINFEKT, »Konservierungs- und Mumifizierungsmittel für pflanzliche und tierische Präparate, insbesonders für menschliche Leichen, das alles Vorbekannte übertrifft«, nannte. Er führte mich mehrmals einen halben Tag durch das Museum. Natürlich stimmten seine Ausführungen nur zum Teil, aber darauf kam es nicht an. Zimmer für Zimmer hatten die Sammelobjekte das Gebäude »beschlagnahmt«, so daß nur wenig Platz für seine Bewohner übriggeblieben war. Ich faßte das Museum als ein chaotisches Gedächtnis des Landstrichs auf. Geheimnisvollerweise arbeiteten neben der Haushälterin und seinem Sohn zwei taubstumme Entmündigte auf dem Hof.

150/151

Links oben Bei der ersten Kommunion sind die Mädchen gekleidet wie kleine Bräute.

Links unten Wenn alles still ist und nur wenig Spieler Kegel »scheiben«, klingt das Rollen der Kugel und ihr Auftreffen auf die Figuren wie der Donner eines fernen hölzernen Gewitters.

Rechts oben Ein Feuerwehrfest ist ein ländlicher Mythos. Die Musikinstrumente der Blaskapelle hängen an den Ästen der Apfelbäume. Würste und Hühner werden gegrillt, Bier und Wein ausgeschenkt, man steigt auf den Tanzboden.

Rechts unten Bei der Fronleichnamsprozession in St. Ulrich zieht eine lange Menschenraupe durch das Dorf. Mit Böllerschüssen, Fahnen, Weihrauch und zum Takt getragener Märsche bewegt sich die Raupe durch die Landschaft. Alle Vereine nehmen an der Prozession teil, auch der Kameradschaftsbund, der »Veteranenverein«. Nicht wenige verherrlichen die »großen Zeiten« besonders beim Zusammensitzen im Gasthaus – heute noch.

152/153

Ich hatte zuvor nie einen zu Hause aufgebahrten Toten gesehen. Drei Abende lang kommen Nachbarn, Freunde und Verwandte, um zu beten, trinken, schwätzen, später auch Karten zu spielen und zu scherzen. Am vierten Tag wird der Tote im Sarg zum Friedhof geführt. Nach dem Begräbnis findet die »Gstattung« statt, das Totenmahl für geladene Trauergäste. Hierauf wird lange gebetet. Anschließend ist Erleichterung fühlbar. Auf dem Land wird der Tod nicht versteckt.

Rechts unten Als ich erfuhr, daß der »Höllschuster-Ferdl« im Krankenhaus gestorben war, ging ich zu seinem Haus und fotografierte die Stube. Er war Holzschuh- und Rechenmacher.

Eine Schlachtung ist ein Freudenfest im kleinen. Früher gab es auf den Höfen wenig Frischfleisch. Für den ganzen Ort und die Umgebung stand nach dem Zweiten Weltkrieg in St. Ulrich ein Kühlhaus im Hof des Kirchenwirts zur Verfügung. Noch früher mußte alles Fleisch geselcht werden, als sogenannter »Sonntagsbraten«, weil es an Wochentagen nur gab, was »Feld und Garten gerade brachten«. Die Tötung erfolgt mit dem Schlachtschußapparat, anschließend wird das Schwein »gestochen«, damit es ausblutet. Das Blut wird in einer Schüssel aufgefangen, mit Mehl und Schmalz wird der »Bluttommerl« (ein Blutkuchen) zubereitet, der heiß gegessen wird. Bis das Schwein vollständig zerlegt und das Fleisch in Körben in den Keller gebracht wird, wo es »aushängen« soll, wird mehrmals gegessen und getrunken. Ich sah zahlreiche Schlachtungen. Für Hunde und Katzen ist es sowieso ein Festtag, zumeist stehen auch Kinder neugierig herum und schauen dem Schlachter bei der Arbeit zu, die dieser mit anatomischen Erklärungen auflokkert.

Rechts unten Die »Fleischweihe« am Karsamstag vor dem Kaufhaus Lesky in Obergreith. Das Schweinefleisch ist schon geselcht und mit eigens dafür vorgesehenen Leinentüchern umwickelt. Anschließend tragen es noch manche Frauen in Körben auf dem Kopf nach Hause.

156/157

Links oben Der pensionierte Bergarbeiter ist stolz auf seinen Hund. Er führte mir vor, wie das Tier auf einen kurzen Befehl über seinen Rücken springt.

Links unten Der Wanderer, Herr Löscher, sagen die Leute, »treibt sich in der Gegend herum«. Er spielt Blockflöte und versucht sich gegen eine »Mischung« (Mineralwasser und Wein) oder ein Bier als Akrobat. Der Zirkusdirektor ließ ihn unter der Zeltplane einen Hammer suchen und trat dann vor den Herumkriechenden so hin, daß er nicht mehr weiter konnte. »Eine Hetz«, wie der Zirkusdirektor lachend sagte.

Rechts oben Die Löwen, erzählte der Zirkusdirektor, seien schon so alt, daß er sich nicht mehr vor ihnen fürchte. Eher fürchte er sich davor, daß sie eines Tages tot im Käfig lägen.

Rechts unten Während der Zirkusdirektor einen Zuschauer, den er herausgerufen hat, in ein Gespräch verwickelt, »stiehlt« er ihm die Geldbörse, die Ausweise und die Armbanduhr. Zum Schluß zeigt er sie dem Publikum.

Idyllen und Katastrophen.

Links oben Herr Kürbisch bei der Apfelernte in ein Selbstgespräch versunken. Er bemerkte mich nicht einmal.

Links unten Die Stiefschwester von Juliane läßt sich Kataloge von Versandfirmen kommen und sucht sorgfältig die Blumen für das Frühjahr und den Sommer aus.

Rechts oben An einem heißen Augusttag stürzte ein Sportflugzeug ab. Es trudelte mit nur einer Tragfläche aus einer Wolke auf die Erde zu und schlug neben einem Wohnhaus auf. Die drei Menschen, die sich im Flugzeug befanden, kamen ums Leben. Hunderte Autos fuhren aus allen Richtungen – denn fast an jedem Hof gab es einen Augenzeugen des Absturzes – zur Unglücksstelle.

Rechts unten Das Pferd der Kürbisch verendete dreißigjährig an Altersschwäche. Drei Männer schleppten es aus dem Stall und legten es vor das Haus, bis der Abdecker kam. Als ich ein paar Tage später mit den Fotografien wieder bei den Kürbisch vorbeischaute, sagte der Mann: »Das sieht langweilig aus, wie das Pferd da auf der Erde vor dem Stall liegt.« – »Langweilig heißt traurig«, fügte die Frau hinzu.

161

Im Hof des Gasthauses »Tinnacher« in Wuggau. Die beiden linken Männer sind ehemalige Knechte. Herr Stölzl – ganz links – schnitt im Gasthaus den Dorfbewohnern die Haare. Diese Fertigkeit hatte er in russischer Kriegsgefangenschaft erworben, wie er sagte. Er erfror in einem Bach, in den er nach der »Sparvereinsauszahlung« im Dezember gefallen war.

Bienenzucht – Fischfang – Jagd

163

Eines Tages stellten Herr Zmugg und sein Sohn vor dem Haus, das ich damals bewohnte, 40 Bienenmagazine auf. Herr Zmugg besitzt ungefähr 1000 Völker und »wandert« mit seinen Bienen im Frühjahr zur Raps- und Robinienblüte in das Burgenland, im Spätsommer auf die Almen. Ich habe ihn nie mit Hand- oder Kopfschutz arbeiten gesehen. Seit seiner Kindheit ist er gegen Stiche immun, das heißt, die übliche Schwellung bleibt bei ihm aus. Manchmal können einen Imker 200 bis 300 Bienen an einem Tag stechen. Herr Zmugg erinnert sich, daß er einmal einen Schwarm Bienen von einem Obstbaum fangen wollte. Dabei wurde ihm ein Sack gereicht, in dem sich Kunstdünger befunden hatte. Bienen macht der Geruch von

Ammoniak aggressiv. Als er sich mit dem Sack näherte, fielen sie über ihn her und stachen ihn in den Kopf. »Anschließend, als ich mit meiner Hand über das Gesicht fuhr, war sie schwarz von Stacheln«, sagt Herr Zmugg.
Was mich am meisten faszinierte, war die »Sprache der Bienen«, eine Körper- und Zeichensprache, mit der sie sich gegenseitig von entdeckten Futterquellen unterrichten.

164/165

Vor dem Haus, das ich jetzt im Sommer bewohne, stehen drei Bienenstöcke. Herr Strohmaier junior betreut sie. Ein Bienenschwarm scheint nur aus Chaos zu bestehen, tatsächlich aber beruht er auf strengen Gesetzmäßigkeiten, wie dem Wabenbau in Form von sechseckigen Zellen, die jeden Zwischenraum ausschließen, oder der sozialen Ordnung in einem Volk. In das Magazin werden »Rähmchen« gehängt, die man herausnehmen und kontrollieren kann. Der Imker beobachtet die Bienen beim Schlüpfen oder bei der Herstellung von Honig oder wenn sie Wachsplättchen ausscheiden, die zur Wabe verarbeitet werden. Übrigens finden auch geübte Imker die Bienenkönigin nicht sofort. Die Bienen erkennen ihren Imker nie.

166/167

Ein Imker arbeitet von Anfang März bis Ende September mit den Bienen. Er füttert sie – wenn nötig – mit Zuckerwasser, bekämpft auftretende Krankheiten, züchtet Königinnen, stellt »Kunstschwärme« = Ableger her. Bienen benötigen vor allem eine regelmäßige Kontrolle. Wenn der Deckel und der Schutzfilz eines Magazins entfernt sind, wird mit dem »Smoker« Rauch über die Rähmchen geblasen, der die Bienen beruhigt. Die Bienen werden im Sommer 35 Tage alt, im Winter bilden sie eine Traube und ernähren sich vom Honig, den ihre Vorfahren im Sommer als Nektar gesammelt haben. Eine Winterbiene lebt fünf Monate – vornehmlich in der Dunkelheit. Der Preis, den sie für ihr langes Leben bezahlen muß, ist, daß sie die Welt außerhalb des Stockes kaum zu sehen bekommt.

169

Herr Zmugg nahm einen Lockenwickler zur Hand, steckte die Bienenkönigin hinein und ließ das Bienenvolk auf sich Platz nehmen ... Mich hat das Leben der Bienen schließlich so fasziniert, daß ich meinem Hausbesitzer im Sommer bei der Arbeit helfe, Honig schleudere und das Verhalten der Bienen beobachte.

170/171

Einmal im Jahr, im November oder im April, werden die Karpfenteiche ausgelassen. Die Karpfen werden über eine Rinne geschwemmt, wo sie vom Fischzüchter ergriffen werden. Sie kommen in ein Faß, werden gewogen und verkauft. Im Gebiet von Obergreith findet man in fast jedem Graben einen Fischteich, in dem sich der Himmel und die Wolken spiegeln. Fische sind eine stumme Beute in der stillen Landschaft. Wenn sie in das Universum der Menschen gelangen, ist das ihr Lebensende.

172–175

Ich ging im Herbst auf Treibjagden mit, später auch »auf den Bock«. Der Kopf eines erlegten Tieres wird abgeschnitten, die Trophäe präpariert und auf einem Stück Holz befestigt. Füchse werden zumeist auf einer Treibjagd geschossen. Sie sind scheue Tiere. Ich sah – abgesehen von den Treibjagden – nur ein einziges Mal in allen Jahren einen Fuchs, als ich aus dem Haus auszog und meine Bücher in Kartons verpackte. Er stand leuchtend rot in der Wiese. Ich bewegte mich nicht und betrachtete ihn. Zu diesem Zeitpunkt hatte ich mich schon mit den Füchsen beschäftigt, weil die Jäger dabei sind, sie wegen der Tollwut, die im Landstrich aufgetreten ist, »auszurotten«.

Eines Tages hatte mir ein Jäger im Kofferraum seines Autos vier erlegte Füchse gezeigt. Sie lagen auf einer Plane ausgestreckt da. Ich erfuhr von ihm, daß Füchse als Überträger der Tollwut unerbittlich gejagt würden.
In Österreich gab es aber nur einen Todesfall seit 1945, der auf den Biß eines tollwütigen Fuchses zurückzuführen ist.
Füchse hausen in Fuchsbauten, die Gangsysteme unter der Erde mit zwei oder mehreren Ausgängen sind. Nicht selten hat ein Dachs den Fuchs vertrieben und bewohnt seinen Bau. Der Fuchs wird außer auf der Treibjagd vom Ansitz aus oder indem man den Bau umstellt, erlegt. Die Jäger lassen einen kleingewachsenen Hund hinein, der den Fuchs aufstöbert und hinaustreibt. Wenn sich ein Dachs im Bau befindet, kommt es vor, daß er den Hund mit Erde zuschüttet. Es ist möglich, daß Hunde ersticken, bevor man sie noch ausgraben kann. Jäger und Verhaltensforscher behaupten, man könne den Fuchs nicht ausrotten. Je mehr man töte, desto mehr kämen zur Welt (weshalb tötet man sie dann?).
Der Fuchs in der Wiese hob erschrocken den Kopf. Ich spürte seinen Blick, bevor er blitzschnell verschwand.

176/177

Am ersten Sonntag im September versammeln sich die Jäger im Morgennebel um die Teiche der Ziegelfabrik bei Gleinstätten und treiben die Hunde in das Gebüsch. Die Pfützen auf den Wegen sind gelb vom Lehm. Auf die »Tiro«-Rufe der Treiber schießen die Jäger die aufflatternden oder über das Wasser fliegenden Enten, die getroffen zu Boden oder in die Teiche fallen und von Hunden apportiert werden. Die Schüsse hört man noch im Umkreis von 10 Kilometern. Nach einer Stunde waren 60 Enten erlegt. Am späten Nachmittag trifft sich nochmals eine kleinere Gruppe von Jägern zur Nachjagd.

Einzelheiten

178–183

Eisblumen, Tier- und Pflanzenspuren im Schnee, Rauhreif, glühende Kohlen im Herd.
Im Winter bekam ich tagelang niemanden zu Gesicht. Am Anfang war ich unruhig und niedergeschlagen. Langsam baute sich durch das Schweigen und die Stille ein Gefühl der »Unverwundbarkeit« auf, aus dem ich nicht durch Begegnungen mit Menschen gerissen werden wollte. Die Einsamkeit ist nicht magisch, sie arbeitet wie eine Presse. Ich versuchte, dem Zerdrücktwerden zu entkommen, indem ich Auf-

zeichnungen machte und fotografierte. Nebenbei entdeckte ich das ansonsten Übersehene und erstaunte über meine Wahrnehmungen. Die Natur erschien mir als etwas Denkendes. Einmal lieh ich mir von einem der Landärzte ein Mikroskop aus und betrachtete Wassertropfen, Insekten und Schneeflocken – eher wie ein Gerichtsmediziner als ein Biologe.

185

Ein aufgelassenes Haus bildet sich langsam wieder in Natur zurück. Die Menschen, die dieses Haus bewohnten, schienen nachträglich einer anderen Zeitrechnung angehört zu haben.

187

Tiere (ein Wiener Nachtpfauenauge).

188–191

Ich interessiere mich für ihre ungeschriebene Weltgeschichte, die neben der menschlichen »einherläuft«. Eine Geschichte mit anderen sprachlichen und zeitlichen Dimensionen, bestehend aus einem anderem Bewußtsein. Tiere leben in einer Welt der ständigen Bedrohung, sie werden gejagt, geschlachtet und jagen einander selbst. Die überfahrenen Tiere wie die Kröte oder der Feuersalamander sahen nach einigen Tagen wie Versteinerungen aus.

192/193

»Gott sieht alles«, ist zugleich eine Drohung und ein Wunsch.

Einmal entdeckte ich auf einem Holzstapel eine Strophe des Liedes: »Der Vater schickt den Jokkel aus«, von einem Kind mit Kreide geschrieben. Das Kind und ich hatten offenbar vieles gemein.

194/195

Links oben Ausschnitt aus einer Kapellenmalerei: Der Heilige (Florian) soll die Brandgefahr abwenden. Man sieht nur seinen Fuß und das brennende Haus.

Links unten Ein Gewehr auf dem Tisch.

Rechts oben Der Zapfen, der beim Teichausfischen herausgezogen wird, damit das Wasser abfließen kann.

Rechts unten Geräte des Schlächters: Hinweise auf alltägliche Gewalttätigkeit und Angst.

196/197

Hände mit »steirischer« Harmonika, Schlagring, einer erlegten Ente, Kaulquappen, einer Ringelnatter, einem Fisch. Die »Hand«-Fotografien – es sind viele – entstanden im Laufe mehrerer Jahre. Ich stellte sie zusammen, weil sie mich an sprachliche Ausdrucksmöglichkeiten – zum Beispiel die Taubstummensprache – erinnern.

199

Die Landschaft besteht aus den Hügeln, den Maiskegeln, dem Himmel und der Stille. Alles leitet sich aus der Stille ab. Beim Graben im Keller fand mein Hausbesitzer versteinerte Muscheln, mein Nachbar im Hof einen versteinerten Fisch. Auch die versteinerten Tiere schienen aus einem Meer der Stille zu kommen.

200/201

Links oben Nach St. Ulrich ging ich im Winter und Sommer zu Fuß. Ich kenne jede Biegung der Straße, könnte mit geschlossenen Augen gehen.

Links unten Das »Schloß des Generals« in Spielfeld. Ich entdeckte es erst viel später – als ich es längst erfunden hatte. Entweder sah ich etwas, das Erfindungen in mir auslöste oder ich erfand etwas und sah es dann später.

Rechts oben Die Ziegelfabrik in Gasselsdorf. Ziegeln und Kohle haben einen gemeinsamen Ursprung: die vergangene Zeit in der Erde.

Rechts unten Die Hügellandschaft in der Nähe meines ersten Hauses. Ich wollte oft wie ein Vogel darüber fliegen können.

202/203

Die Häuser scheinen auf den Hügeln zu schwimmen wie Schiffe auf Wellenkämmen.

204/205

Die Nacht, das aufziehende schlechte Wetter, der Nebel – die dunkle Seite der Stille.

206/207

Hundertmal fotografierte ich das Haus, in dem ich lebte. Im Schlafzimmer über dem Keller wies der Bretterboden dunkle Flecken auf. Dort war der Vater des Hausbesitzers an einem Blutsturz gestorben. Wenn es regnete und Wasser sich im Keller sammelte, verfärbte sich der Fleck rot. In diesem Zimmer waren auch die Toten, die in diesem nun alten und verfallenden Haus gestorben waren, aufgebahrt worden. Es störte mich nicht. Ich wünschte mir damals, ich könnte sie eines Tages sprechen hören.

209

Das brennende Haus, von dem ich lange noch träumte.

FORD
St 425·590

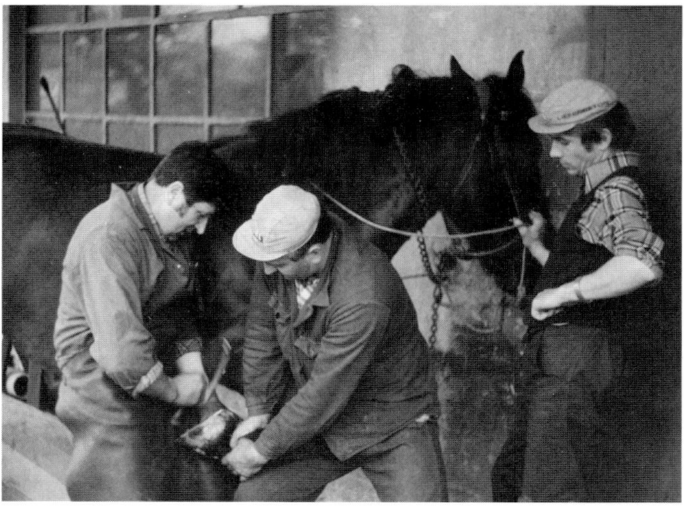

27

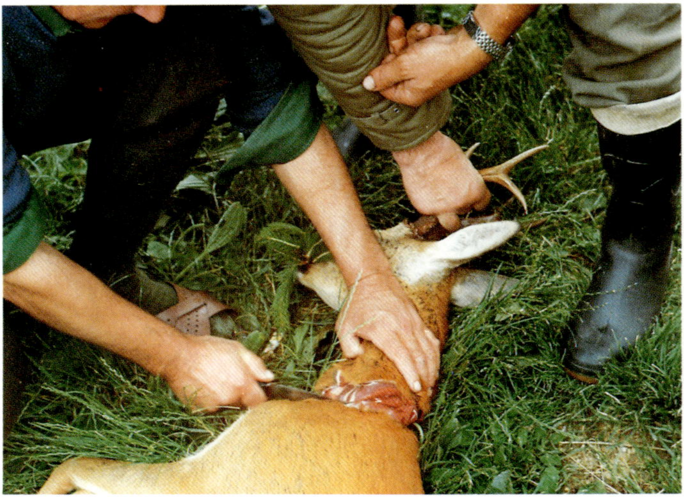

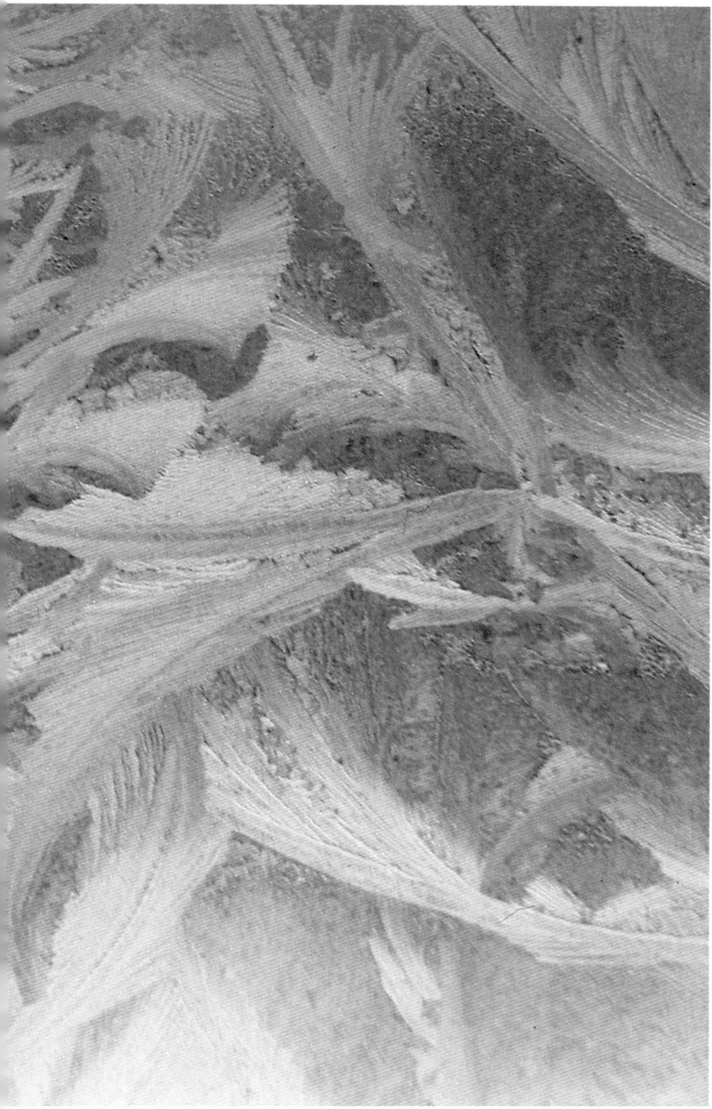

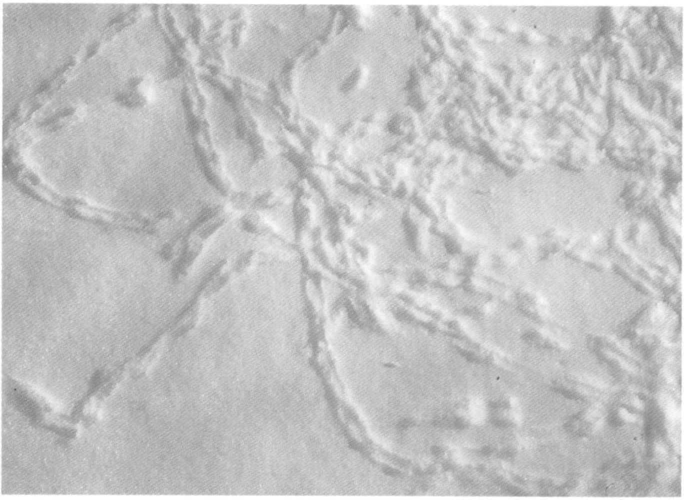

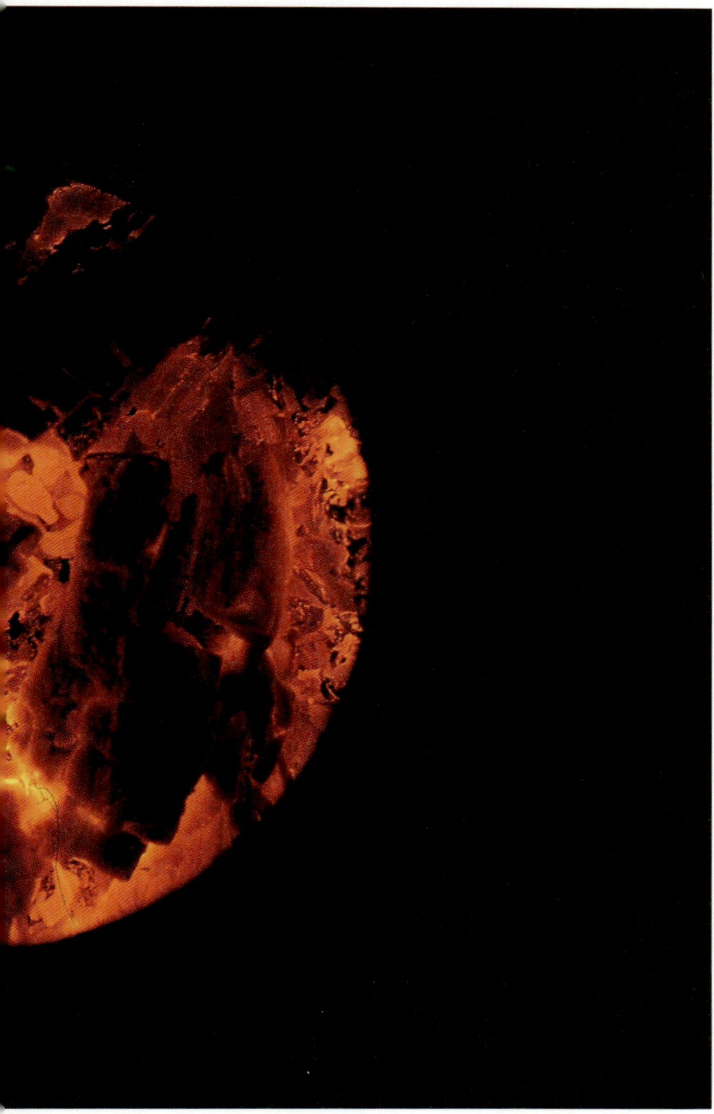

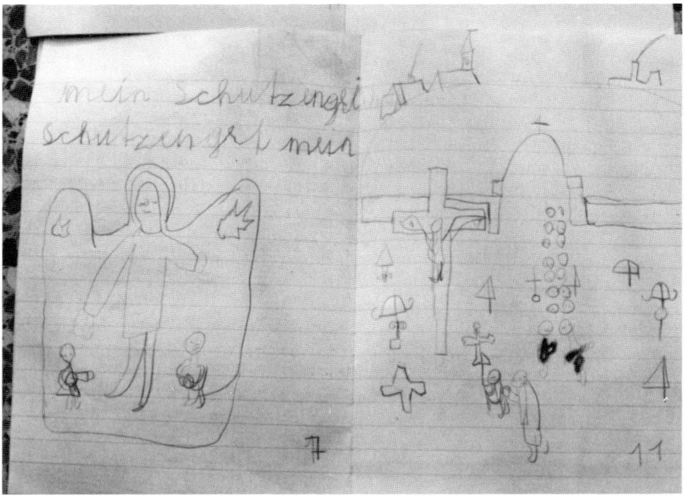

Ecce Homo

Gott sieht alles

1. der Kater
schickt
Er
schickt
täglich

Gerhard Roth
Die Archive des Schweigens

Band 1: Im tiefen Österreich
Bildtextband. 212 Seiten mit 65 vierfarbigen und 125 schwarz-weiß Abbildungen. Leinen
und als Band 11401

Band 2: Der Stille Ozean
Roman. 247 Seiten. Leinen
und als Band 11402

Band 3: Landläufiger Tod
Roman. Illustriert von Günter Brus
795 Seiten. Leinen
und als Band 11403

Band 4: Am Abgrund
Roman. 174 Seiten. Leinen
und als Band 11404

Band 5: Der Untersuchungsrichter
Die Geschichte eines Entwurfs
Roman. 172 Seiten. Leinen
und als Band 11405

Band 6: Die Geschichte der Dunkelheit
Ein Bericht. 159 Seiten. Leinen
und als Band 11406

Band 7: Eine Reise in das Innere von Wien
Essays. 288 Seiten mit 20seitigem Bildteil. Leinen
und als Band 11407

Gerhard Roth

autobiographie des albert einstein
Kurzromane. Band 5070

Circus Saluti
Erzählung. Collection S. Fischer. Band 2321

Der große Horizont
Roman. Band 2082

Dorfchronik zum »Landläufigen Tod«
Collection S. Fischer. Band 2340

Lichtenberg/Sehnsucht/Dämmerung
Stücke. Band 7068

Ein neuer Morgen
Roman. Band 2107

Die schönen Bilder beim Trabrennen
Band 5400

Winterreise
Roman. Band 12421

Uwe Wittstock (Hg.)
Materialien zu ›Die Archive des Schweigens‹
Band 11274

Fischer Taschenbuch Verlag

fi 130 / 4